COLLECTION

DE FEU

M. LE BARON DE HARDENBROEK

DE BILJOEN

Chancelier honoraire de S. M. le roi des Pays-Bas, chevalier de plusieurs Ordres, etc.

PORTRAITS

ET

PIÈCES HISTORIQUES

ALMANACHS

Des Époques Louis XIV et Louis XV

DONT LA VENTE AURA LIEU

HOTEL DROUOT, Salle N° 1

Le Samedi 4 Mai 1872

A UNE HEURE TRÈS-PRÉCISE

COMMISSAIRES-PRISEURS :

| Mᵉ HENRI GAUTHIER, | Mᵉ CHARLES PILLET, |
| 12, rue Béranger. | 10, rue de la Grange-Batelière. |

EXPERT :

M. CLEMENT, Marchand d'Estampes de la Bibliothèque nationale,
3, rue des Saints-Pères.

EXPOSITIONS
{ PARTICULIÈRE : le *Samedi* 27 *Avril* 1872
{ PUBLIQUE : le *Dimanche* 28 *Avril* 1872
DE UNE HEURE A CINQ HEURES.

CONDITIONS DE LA VENTE

———

Elle sera faite au comptant.

Les adjudicataires payeront *cinq pour cent* en sus des enchères.

L'exposition mettant le public à même de se rendre compte de l'état des objets, il ne sera admis aucune réclamation une fois l'adjudication prononcée

Paris. — Imp. PILLET fils aîné, rue des Grands Augustins, 5.

DÉSIGNATION

1 **Anonymes.** Henri III, roi de France. Portrait gravé sur bois, publié en Allemagne en 1574. Très-belle épreuve.

2 — Assassinat de Henri III, petite pièce en largeur, avec 24 vers allemands en bas. Rare.

3 — Henri IV, roi de France, coiffé d'un chapeau à grands bords. Belle épreuve.

4 — Assassinat de Henri IV, pièce avec légende en latin, français et allemand. Très-belle épreuve.

5 — Assassinat de Henri IV; dans le fond est représenté le supplice de Ravaillac, pièce gravée sur cuivre. Très-belle épreuve.

6 — Marie Stuart, reine d'Écosse.

7 — Louis XIV, roi de France, portrait gravé en Hollande. Très-belle épreuve.

8 — Portrait de Marie de Rohan. Très-belle épreuve.

9 **Anselin.** Pompadour (Mme de) en jardinière, d'après Vanloo. Très-belle épreuve.

10 **Ardell** (J.-M.). Lady Grammont. Portrait gravé en manière noire, d'après P. Lely. Très-belle épreuve.

11 Audran (B.): Colbert (Jean-Baptiste), ministre d'État, d'après Lefebvre. Très-belle épreuve.

12 Aubert et **Romanet**. Marie-Josph de Saxe, dauphine de France. — Dame Julie de Villeneuve, petite-fille de Mme de Sévigné. Deux pièces.

ALMANACHS

DES ÉPOQUES LOUIS XIV ET LOUIS XV.

13 — 1665. Almanach pour l'an de grâce 1665, représentant l'audience royale donnée à Monseigneur le cardinal-légat à Fontainebleau. Très-belle épreuve.

14 — 1669. Almanach pour l'an de grâce 1669, représentant Louis XIV entouré des principaux personnages de la cour auquel Cérès présente une femme, symbole de la Paix. Belle épreuve.

15 — 1670. Almanach royal pour l'année 1670, représentant les Estrennes à Monseigneur le Dauphin. Superbe épreuve.

16 — 1674. La Prise de Maëstricht. Très-belle épreuve coupée au bas.

17 — 1680. Almanach pour l'an bissextil 1680, représentant la Réception de Marie-Louise d'Orléans, reyne d'Espagne, fille de Philippe de France, par Charles II, roi d'Espagne, à Burgos, où s'est faite leur première entrevue. Superbe épreuve.

18 — 1680. Almanach pour l'an bissextil 1680, représentant les cérémonies du mariage du roi d'Espagne avec Mademoiselle, épousée par S. A. S. monseigneur le prince de Couty, à Fontainebleau, le 31 août 1679. Superbe épreuve.

19 — 1681. Almanach pour l'année 1681, représentant les Travaux du Roy pendant la paix. Il manque la partie inférieure. Superbe épreuve.

20 — 1682. Almanach pour l'an de grâce 1682, représentant les Respects et soumissions de l'importante et opulente ville de Strasbourg à Louis le Grand. Très-belle épreuve.

21 — La même pièce. Superbe épreuve.

22 — 1683. Almanach royal pour l'an de grace 1683, représentant le Baptême du duc de Bourgogne. Superbe épreuve.

23 — 1683. Almanach pour l'an de grace 1683, représentant Louis le Grand donnant un prince aux Bourgognes. Superbe épreuve.

24 — 1687. Almanach pour l'année 1687, représentant la Ville de Bude présentée à leurs Majestés Impériales, par le prince Charles de Lorraine et par Son Altesse électorale de Bavière, après l'avoir prise d'assaut le 1er septembre 1686. Superbe épreuve.

25 — 1699. Almanach pour l'an de grace 1699. Incomplet.

26 — 1694. Almanach pour l'an de grace 1694, représentant Louis XIV entouré des Maréchaux et Amiraux. Belle épreuve.

27 — 1697. Almanach pour l'an de grace 1697, représentant l'Alliance de la France et de la Savoye et la réception faite par le Roy à madame la princesse de Savoye, à Montargis en 1696. Très-belle épreuve.

28 — 1702. Almanach pour l'an de grace 1702, représentant la Bénédiction nuptiale donnée solennellement au roy et à la reyne d'Espagne à Figuières, le 5 novembre 1701. Superbe épreuve.

29 — 1705. Almanach pour l'an de grace 1705, représentant l'Heureuse naissance de monseigneur le duc de Bretagne, arrière-petit-fils de Louis le Grand, né à Versailles, le 25 juin 1704. Très-belle épreuve.

30 — 1707. Almanach pour l'an de grâce 1707, représentant le roy Louis XIV visitant l'hôtel des Invalides; dans le fond une vue de ce même hôtel. Superbe épreuve.

31 — 1725. Almanach pour l'année 1725, représentant l'auguste Réception faite à la Reyne par Sa Majesté Louis XV, roi de France, à Moret, le 4 septembre 1725. Très-belle épreuve.

32 — 1738. Almanach pour l'année 1738, représentant le Baptême de monseigneur le Dauphin par le cardinal de Rohan, le 27 avril 1737. Superbe épreuve.

33 — Promenade de Louis XV jeune dans le Jardin des Tuileries; grande estampe en trois feuilles, très-curieuse pour les costumes; dans le fond, une vue du palais. Très-belle épreuve collée sur toile.

34 **Balechou.** Portrait de madame de Châteauroux sous la figure de la Force, d'après Nattier. Belle épreuve.

35 — Jean de Julienne, écuyer, chevalier de l'ordre de Saint-Michel, d'après de Troy. Très-belle épreuve.

36 — Orléans (Philippe d'), régent. Superbe épreuve avant la lettre.

37 **Baron.** Augusta, princesse de Galles, d'après Vanloo. Très-belle épreuve.

38 **Bartolozzi.** Marie-Thérèse de Brancas, duchesse de Nivernais; — la chevalière d'Éon, par Chambars, d'après Cosway; — madame de Sévigné, par Schmidt. Trois pièces. Très-belles épreuves.

39 **Bary.** Louise-Françoise de la Baume le Blanc, duchesse de la Vallière. Très-belle épreuve.

40 **Bause.** Pierre 1er, empereur de Russie, d'après Le Roy. Très-belle épreuve.

41 **Beatrizet** (N.). Henri II, roi de France, dans un ovale orné de deux génies (R. D. 40). Belle épreuve.

42 **Blesendorff.** Jean Frédéric, marquis de Brandebourg et Eléonore-Louise de Saxe, sa femme. Deux portraits sur la même feuille, d'après Netscher. Très-belle épreuve.

43 **Bloteling.** Charles II, roi d'Angleterre et Catherine, princesse de Portugal, sa femme. Deux portraits gravés en manière noire. Très-belles épreuves.

44 **Bolswert** (B.). Elisabeth, reine d'Angleterre, d'après Mierevelt. Superbe épreuve.

45 **Bosse** (Abraham). L'Enfant prodigue (Duplessis 39). Les Vierges folles (46). — Le Goût (1074). — Le Toucher (1075). — Le Printemps, la Virilité (1080). Six pièces. Très-belles épreuves.

46 — Le Prevôt des marchands, suivi des échevins de la ville de Paris, vient complimenter le roi Louis XIII sur la prise de la Rochelle (D. 1187). Très-belle épreuve.

47 — La Joie de la France (1226). Belle épreuve.

48 — L'Infirmerie de l'hôpital de la Charité de Paris (1266). Très-belle épreuve. Les vers du bas sont coupés.

49 — L'Accouchement (1376). — Le Retour du Baptême (1377). — La Visite à l'accouchée (1378), quatre pièces dont une double. Très-belles épreuves.

50 — Le Clystère (1392). — Le Procureur dans son étude. — Les Femmes à table en l'absence de leurs maris (1399). Quatre pièces dont une double. Très-belles épreuves.

51 — Le Bal (1400). Très-belle épreuve.

52 — Cérémonie observée au contrat de mariage passé à Fontainebleau, le 25 septembre 1645, entre Vladislas IV, roi de Pologne, et Louise-Marie de Gonzague (1223). Très-belle épreuve.

53 — La même pièce, copie grand in-fol., publiée en Hollande. Très-belle épreuve.

54 **Boutelou**. Caroline, reine de Naples, petit portrait gravé en couleur.

55 **Bradel**. Portrait de la chevalière d'Eon de Beaumont. Très-belle épreuve, avec de la marge.

56 **Bruggen** (J. Vander). Guise (Isabelle d'Orléans, duchesse de), d'après Mignard. Portrait gravé en manière noire. Très-belle épreuve.

57 **Carmona**. Charles III, roi d'Espagne et des Indes, d'après Mengs. Belle épreuve.

58 **Casa** (Nicolo della). Cosme de Médicis, grand duc de Florence, d'après Bandinelli. Belle épreuve.

59 **Cathelin**. Charles-Philippe, comte d'Artois, — Marie-Thérèse, princesse de Savoie, comtesse d'Artois. Deux portraits d'après Drouais et Fredou. Belles épreuves.

60 — Turgot (Étienne-François), d'après Drouais. Très-belle épreuve.

61 **Chastillon.** L'Admirable dessin de la porte et placé de France, avec ses rues communes à construire es Marestx du Temple à Paris durant le règne de Henri le Grand, 4e du nom, roy de France et de Navare, l'an de grace mil six cens et dix, par Claude Chastillon Chaalonnais, grande pièce in-fol. avec légende.

62 **Chereau** (Fr.). Conrad Detleu de Dehn, ministre d'état de Guillaume, duc de Brunswick, d'après Rigaud. Très-belle épreuve.

63 — Nicolas de Launay, d'après Rigaud. Très-belle épreuve.

64 — Philippe d'Orléans, petit-fils de France, régent du royaume, d'après Santerre. Très-belle épreuve.

65 — Portrait de Mme de Sévigné. Très-belle épreuve.

66 **Chevillet** et **Romanet.** Louis-Philippe d'Orléans, duc de Chartres, — Louis-François de Bourbon, prince de Conti, grand prieur de France. Deux pièces. Très-belles épreuves.

67 **Clouvet** et **Lommelin.** Marguerite Lemon, — Anna Wake. Deux portraits d'après Van-Dyck. Belles épreuves.

68 **Cochin** et **Moreau.** Fêtes célébrées à Paris à l'occasion du mariage de madame Louise-Elisabeth de France, Sacre de Louis XVI, etc. Cinq pièces dont une avant la lettre.

69 **Coypel.** Voisin (N.), célèbre empoisonneuse, d'après Château. Très-belle épreuve.

70 **Coypel** (d'après). Roland apprend par les bergers la perfidie d'Angélique et sa fuite avec Medor, par Surugue. Très-belle épreuve.

71 **Dalen** (C. Van). Jacques, duc d'York et d'Albanie, grand amiral d'Angleterre, d'après Luttichuys. Très-belle épreuve.

72 — Henri, duc de Glocester, d'après Luttichuys. Très-belle épreuve.

73 **Daullé**. Catherine Mignard, comtesse de Feuquière, d'après P. Mignard. Belle épreuve.

74 — Louis-Philippe d'Orléans, duc de Chartres, — Philippe d'Orléans, régent, par M. Hortemels, — Louis-Philippe, duc d'Orléans, par le Beau. Trois pièces.

75 **Delph.** Buckingham (Georges Villiers, duc de), d'après Mierevelt. Superbe épreuve.

76 — Frédéric, comte Palatin du Rhin et Elisabeth d'Angle-terre, etc., etc. Quatre portraits. Belles épreuves.

77 — Henriette de France, reine d'Angleterre, d'après Daniel Mytens. Très-belle épreuve.

78 **Desrochers** (Ex.). Henriette-Adélaïde de Savoye, duchesse électrice de Bavière. Superbe épreuve.

79 **Drevet** (B.). Boileau Despréaux (Nicolas), d'après Rigaud. Belle épreuve.

80 — Bourgogne (Charles, duc de), en cuirasse, d'après Rigaud. Superbe épreuve.

81 — Dangeau (Philippe de Courcillon, marquis de), d'après Rigaud. Très-belle épreuve.

82 — Lambert (Hélène), femme de François-Marie dé Motteville, d'après Largillière. Très-Belle épreuve.

83 — Lesdiguières (Jean-François de Bonne de Crequy, duc de), pair de France, d'après Rigaud. Très-belle épreuve.

84 — Frédéric-Auguste, roi de Pologne, d'après de Troy. Superbe épreuve.

85 — Louis le Grand. Portrait en pied, d'après Rigaud. Belle épreuve.

86 — Nemours (Marie, duchesse de), d'après Rigaud. Belle épreuve.

87 — Orléans (Louise-Adélaïde d'), abbesse de Chelles, d'après Gobert. In-folio. Très-belle épreuve.

88 — Orléans (Louise-Adélaïde d'). Abbesse de Chelles, d'après Gobert. Belle épreuve.

89 — Philippe V, roi d'Espagne, d'après Rigaud. Superbe épreuve du 1er état.

90 — Le même portrait. Belle épreuve.

91 — Maria Serre, mère de Hyacinte Rigaud, d'après lui-même. Belle épreuve.

92 — Toulouse (Louis-Alexandre de Bourbon, comte de); en cuirasse, le bras étendu et la main nue, d'après Rigaud. Superbe épreuve.

93 — Wurtemberg (Christine-Caroline, margrave de Brandebourg, duchesse de). Très-belle épreuve.

94 — Le même portrait. Très-belle épreuve.

95 **Durer** (Albert). Portrait de l'empereur Maximilien. (B. 153). Belle épreuve.

96 **Dyck** (Ant. Van), (d'après). Wolfang, comte Palatin du Rhin, épreuve avec G. H. — Génovéfa d'Urfé, épreuve avec l'adresse de Martin Vanden Enden. Deux pièces.

97 — Portraits par différents graveurs. Huit pièces. Belles épreuves.

98 — Jeune fille assise dans un fauteuil, portrait gravé en manière noire. Superbe épreuve.

99 **Edelinck** (G.). Philippe, duc d'Anjou. — Louis, duc de Bourgogne, deux portraits d'après de Troy. Très-belles épreuves.

100 — Berry (Charles, duc de), d'après de Troy. Très-belle épreuve.

101 — Mansart (Jules Hardouin), surintendant des bâtiments du roi (R. D. 268). Très-belle épreuve du 2e état.

102 — Rigaud (Hyacinthe), célèbre peintre, d'après lui-même. Très-belle épreuve.

103 **Edelinck** (N.). Portrait de la princesse de Conti, tenant une ombrelle à la main, d'après Ranc. Très-belle épreuve.

104 — Philippe, duc d'Orléans, régent du Royaume. Grand portrait équestre d'après Ranc. Très-belle épreuve.

105 — Portrait d'un jeune garçon en costume de l'époque Louis XV, d'après Davidde. Très-belle épreuve avant la lettre.

106 **Faber.** Anne Iwanowna, impératrice de toute la Russie, portrait gravé en manière noire. Superbe épreuve.

107 **Faithorne.** Charles Ier, roi d'Angleterre. Très-belle épreuve. Rare.

108 — Mary, princesse d'Orange, comtesse de Nassau. Superbe épreuve. Rare.

109 **Falck.** Christine, reine de Suède, d'après Beck. Superbe épreuve.

110 **Frey.** Clémentine, reine de la Grande Bretagne. Très-belle épreuve.

111 **Gaillard.** Galitzin (Catherine princesse), d'après Vanloo. Belle épreuve.

112 — Ludovica Uhrica. reine de Suède, d'après Latinville. Très-belle épreuve.

113 **Gallays** (à Paris chez). Assemblée de seigneurs se livrant aux plaisirs du jeu. Pièce très-curieuse pour les costumes. Très-belle épreuve.

114 Galle (C.). Marie de Médicis, reine de France. Très-belle épreuve, plus le même portrait en contrepartie. Deux pièces.

115 Gaultier (L.). Pourtrait du sacre et couronnement de Marie de Médicis, Royne très-chrestienne de France et de Navarre, faict à Saint-Denis en France, le jeudi 13 de Mai 1610. Grande pièce en largeur avec légende, publiée par Jean Le Clerc, en 1610. Superbe épreuve. Très-rare.

116 Gheyn (J. de). Philippe de Marnix, seigneur du Mont Saint-Aldegonde, âgé de 58 ans. Charmant petit portrait. Très-belle épreuve.

117 Giffart. Aumont (Louis-Marie, duc d'), premier gentilhomme de la chambre du roi en 1669. Superbe épreuve.

118 — Maintenon (Françoise d'Aubigné, marquise de). Très-belle épreuve.

119 Gole. Portrait de Mme Lavallière en costume de carmélite.

120 — Montespan (Diane Françoise de Rochechouart, marquise de). — Ortence Mancini, duchesse de Mazarin. Deux portraits. Très-belles épreuves.

121 Goltzius (G.). Françoise d'Egmont, à mi-corps (B. 168). Superbe épreuve.

122 — Charlotte de Bourbon Montpensier, femme de Guillaume, prince d'Orange. (B. 179). Bonne épreuve.

123 — Une assemblée de gentilshommes et de dames vénitiennes assistant à une fête de noces qui se donne dans une loge dont la vue s'étend sur la mer (B. 247). Belle épreuve.

124 Gunst (P.). Pierre Alexewitz, duc de Moscovie. Grand portrait in-folio d'après Kneller. Superbe épreuve.

125 — Anne, Reine d'Angleterre, d'après Kueller. Très-belle épreuve.

126 — Charles XII, roi de Suède, grand portrait in-fol. Très-belle épreuve.

127 — Louis, Dauphin de France, fils aîné de Louis XIV. Très-belle épreuve.

128 **Hainzelman** (J.). Louvois (Michel François Le Tellier, marquis de), ministre d'Etat, d'après F. Voet. Très-belle épreuve.

129 **Hondius.** Gustave Adolphe, roi de Suède. Superbe épreuve.

130 — Louis XIII et Anne d'Autriche. Deux portraits faisant pendant. Très-belles épreuves.

131 **Houbraken.** Anne de Dannemark, femme de Jacques 1er, d'après Johnson. Superbe épreuve avant la lettre.

132 — Pierre Ier, empereur de Russie, Catherine, impératrice de Russie. Deux portraits in-fol. se faisant pendant. Superbes épreuves. Rares.

133 **Houe** (Paul de la). Montpensier (Henri de Bourbon, duc de), pair de France. Très-belle épreuve.

134 — **Huret** (Gr.). Représentation de l'image miraculeuse de Notre-Dame de Liesse, en l'église des RR. PP. religieux reformez de l'ordre de la très-sainte Trinité, Rédemption des captiers, établis près la ville de Gisors, l'an 1610.

135 **Iode** (P. de). Charles Ier, roi d'Angleterre, d'après Van-Dyck. Bonne épreuve.

136 — Henriette de France, reine d'Angleterre, d'après Van-Dyck. Belle épreuve.

137 — Gustave-Adolphe, roi de Suède, et Marie-Eléonore, reine de Suède. Deux portraits in-fol. en hauteur, se faisant pendant. Superbes épreuves. Rares.

138 **Kilian.** Portrait d'Albert Durer, d'après lui-même. Belle épreuve.

139 **Kittensteyn.** L'Enfant prodigue à table, d'après F. Hals, grande pièce en largeur.

140 **Landry.** Louvois (François-Michel le Tellier, marquis de). Très-belle épreuve.

141 **Larmessin** (N. de). Catherine Opolinska, reine de Pologne, d'après de Troy. Très-belle épreuve.

142 — Orléans (Henriette-Anne Stuart, princesse d'Angleterre, duchesse d'). Grand portrait in-fol. de la plus grande rareté. Superbe épreuve.

143 — Henriette Stuart, duchesse d'Orléans. — Marie-Louise d'Orléans, reine d'Espagne. — Portrait de femme, par Cochin, avant la lettre. Trois pièces.

144 **Lasne** (Michel). Christine, reine de Suède, grand portrait in-fol. entouré de figures allégoriques. Très-belle épreuve.

145 **Lasne et autres.** Bustes de femmes en costumes Louis XIII. 12 pièces. Belles épreuves.

146 **Lepicié.** Orry (Messire Philibert), ministre et conseiller d'Etat, d'après Rigaud. Belle épreuve.

147 **Leu** (Th. de). Conti (Louise de Lorraine, princesse de) (R. D. 352). Très-belle épreuve avec l'adresse de Desrochers.

148 — Estrées (Gabrielle d'), marquise de Monceaux et duchesse de Beaufort (R. D. 366). Très-belle épreuve.

149 — Joyeuse (Anne, duc de), pair et amiral de France (R. D. 424). Très-belle épreuve.

150 — Louise de Lorraine, reine de France (R. D. 446). Superbe épreuve.

151 — Louise de Lorraine, reine de France (R. D, 446). Belle épreuve.

152 — Marie de Médicis, reine de France (R. D. 454). Belle épreuve.

153 — Montmorency (Henri Ier du nom, duc de), connétable de France (R. D. 462). Belle épreuve.

154 — Montmorency (Louise de Budos, duchesse de) (R. D. 463). Bonne épreuve.

155 — Philippe II, roi d'Espagne (R. D. 474). Très-belle épreuve.

156 — Verneuil (Henriette de Balzac-d'Entragues, duchesse de) (R. D. 501). Très-belle épreuve.

157. **Lochon.** Le Midi et le Soir. Deux pièces en largeur représentant, l'une Louis XIII à table, et l'autre étant au spectacle. Belles épreuves, rares.

158 **Lombart** (Pierre). Les dix comtesses et les deux comtes, suites de douze portraits, d'après Van-Dyck. Très-belles épreuves.

159 — Cinq pièces de la suite précédente. Très-belles épreuves.

160 — Gramont (Antoine, duc de), maréchal de France, d'après Vaillant. Très-belle épreuve.

161 **Louys.** Louis XIII et Anne d'Autriche. Deux portraits d'après Rubens. Très-belles épreuves avant les n^{os}.

162 **Lubin.** Portraits de Molière, le grand Condé, Achilles de Harlay. Trois pièces. Très-belles épreuves.

163 **Lutma** (J.). Portrait de femme, gravé à l'eau-forte, d'après Backer. Très-belle épreuve.

164 **Maîtres au monogramme F. et F. A.** Le dîner
impérial, 1561. Le bal paré de l'Empereur Maximilien II.
Deux pièces. B. t. IX, page 481. Belles épreuves.

165 **Marot.** Représentation de la grande feste de S. A. R.
Madame la princesse d'Orange, célébrée en décembre
1686, dans le salon du Boys de la Haye en l'honneur de
la naissance de Monseigneur le prince d'Orange. Très-
belle épreuve.

166 **Masson** (A.). Anne d'Autriche, reine de France, d'a-
près Mignard, buste fort comme nature (R. D. 11). Superbe épreuve.

167 — Bouillon (Emmanuel-Théodore de la Tour d'Auvergne,
cardinal de), d'après Mignard (R. D. 14). Très-belle
épreuve du 1er état.

168 — Guise (Marie de Lorraine, duchesse de), princesse de
Joinville, d'après Mignard. Très-belle épreuve avant le
lapin à la suite du mot *pinxit*.

169 — Louis, fils de France, dauphin. Buste plus fort que
nature (R. D. 46). Superbe épreuve du 1er état, avant le
chapeau sur la tête du personnage.

170 — Orléans (Philippe, duc d'), d'après Habert. Buste
fort comme nature. Très-belle épreuve.

171 **Matham.** Portrait de Sully, à mi-corps. Paulus de la
Houe *excudebat*. (B. 25.) Très-belle épreuve. Rare.

172 — Le Mauvais riche donnant un festin somptueux dans
un jardin de délices, d'après S. Vrancks. (B. 225.) Doublée.

173 **Meerlen** (Th. Van). Jacqueline de Harlay, dame d'Ha-
lincourt. Belle épreuve.

174 **Merian** (M.). Carousel fait à la place Royale à Paris,
les VI, VII avril 1612, à l'occasion des fiançailles du roi
Louis XIII et Anne d'Autriche. Bonne épreuve.

175 **Muller** (J.). Chrétien IV, roi de Danemark, d'après P. Isaac. Belle épreuve.

176 — Portrait d'Ambroise Spinola, d'après Mierevelt. Belle épreuve.

177 — **Muller** (J.-G.). Mme Lebrun, d'après elle-même. Belle épreuve.

178 **Nanteuil** (R.). Anne d'Autriche, reine de France. (R. D. 22). Très-belle épreuve du 2e état.

179 — Bouillon (Frédéric Maurice de la Tour d'Auvergne, duc de). (R. D. 49.) Très-belle épreuve.

180 — Christine, reine de Suède, d'après S. Bourdon. (R. D. 67.) Belle épreuve.

181 — Marie-Jeanne-Baptiste de Savoie-Nemours, duchesse de Savoie (R. D. 69.) Belle épreuve.

182 — Condé (Louis de Bourbon, 11e du nom, prince de), surnommé Monsieur le Prince. (R. D. 79.) Superbe épreuve.

183 — Créqui (François de Bonne, maréchal de). (R. D. 82.) Superbe épreuve du 2e état.

184 — Espernon (Bernard de Foix de la Valette, duc d'). (R. D. 91). Très-belle épreuve du 3e état.

185 — Fouquet (Basile), chancelier des ordres du Roi. (R. D. 97.) Belle épreuve.

186 Fouquet (Nicolas), surintendant des finances. (R. D. 98.) Superbe épreuve.

187 — La Meilleraye (Charles de la Porte, duc de), maréchal de France. (R. D. 118.) Très-belle épreuve.

188 Louis XIV, roi de France. (R. D. 156.) Très-belle épreuve du 2e état.

189 — Mazarin (Jules), cardinal, ministre d'Etat. (R. D. 186.) Superbe épreuve.

190 — Le même personnage. (R. D. 187.) Belle épreuve du 1ᵉʳ état.

191 — Neufville (Ferdinand de), évêque de Chartres. (R. D. 204.) Très-belle épreuve du 2ᵉ état.

192 — Perefixe de Beaumont (Hardouin de), archevêque de Paris. (R. D 111.) Belle épreuve.

193 — Servien (François), évêque de Bayeux. (R. D. 225.) Très-belle épreuve du 1ᵉʳ état.

194 — Turenne (Henri de la Tour d'Auvergne, vicomte de), maréchal de France. (R. D. 232.) Très-belle épreuve.

194 bis. — Le même personnage. (R. D. 233.) Buste fort comme nature. Superbe épreuve collée en plein.

195 **Natalis.** Portrait du marquis del Guast et celui de sa maîtresse, représentée sous la figure de Vénus, d'après Titien. Superbe épreuve.

196 **Nocret.** (D'après). Philippe de Bourbon, frère unique du Roy, duc d'Orléans. — Henriette d'Angleterre, duchesse d'Orléans. Deux portraits grand in-fol., se faisant pendant. Belles épreuves. Très-rares.

197 **Passe** (C. de). Marie Stuart et autres portraits de femmes. Trois pièces. Très-belles épreuves.

188 — Maurice de Nassau. Petit portrait de forme ovale. Très-belle épreuve.

199 **Pechwill.** L'auguste famille de S. A. R. l'archiduc Léopold, grand duc de Toscane, d'après Maroni. Très-belle épreuve.

200 **Petit.** Marie-Thérèse, reine de Hongrie, d'après Meytens. Très-belle épreuve.

201 Le même portrait. Très-belle épreuve.

202 — Phelypeaux (Jean-Frédéric), comte de Maurepas, d'après Van Loo. Très-belle épreuve.

203 **Picart** (B.). Séance ordinaire des estats de Languedoc. Très-belle épreuve.

204 — Bourbon (Louis-Auguste de), prince de Dombes, duc du Maine, d'après Troy. Très-belle épreuve.

205 **Pitau**. Savoye (Christine de France, fille de Henri IV, femme de Victor-Amédée, prince de Piémont, depuis duc de Savoie). Très-belle épreuve.

206 **Poilly**. Marie-Thérèse, infante d'Espagne, reine de France, d'après Beaubrun. Buste fort comme nature. Superbe épreuve.

207 — Orléans (Anne-Marie-Louise d'), duchesse de Montpensier, en Minerve. Très-belle épreuve.

208 — Louis XIV, roi de France, d'après Mignard. Superbe épreuve.

208 **Pontius** (Paul). Thomas de Savoie, prince de Carignan, d'après Van Dyck. Superbe épreuve.

210 **Pool**. Charles VI, roi d'Espagne, d'après Stampart. Belle épreuve.

211 **Regnesson**. — Montpensier (Anne-Marie-Louise d'Orléans, duchesse de). Très-belle épreuve.

212 **Reynolds** (d'après). Master Caren, par Smith. Superbe épreuve.

213 **Roullet**. Beringhen (Henri, marquis de), premier escuyer du Roy, d'après Mignard. Très-belle épreuve.

214 — Beringhen (Henri, marquis de), premier escuyer du Roy, d'après Mignard. Très-belle épreuve.

215 **Rousselet**. Angoulesme (Charles de Valois, duc d'), d'après Champaigne.

216 **Santerre** (d'après). Philippe d'Orléans, régent. Grand portrait in-fol. Très-belle épreuve avant toute lettre; les armes ne sont pas entièrement terminées.

217 **Schmidt**. Louis de la Tour d'Auvergne, comte d'Evreux. d'après Rigaud. Belle épreuve.

218 — Portrait d'une jeune femme, d'après Rembrandt. Belle épreuve.

219 **Schuppen** (P. Van). Louis XIV, roi de France, d'après Mignard. Belle épreuve.

220 — Louis, dauphin de France, fils de Louis XIV, d'après de Troy. Belle épreuve.

221 — Le même portrait. Superbe épreuve.

222 — Savoye (Marie-Jeanne-Baptiste de Savoie, duchesse de), princesse de Piémont, reine de Cypre, d'après Beaubrun. Belle épreuve.

223 **Scotin**. Banquet donné à Paris par le duc d'Alava, pour célébrer la naissance du prince des Asturies, en l'année 1707. Pièce très-curieuse pour les costumes. Superbe épreuve.

224 **Sadeler**. Repas de gentilshommes et de dames, d'après Th. Bernard.

225 **Saenredam**. Hérodiade dansant en présence d'Hérode, d'après K. Van Mander (B. 112). Belle épreuve.

226 **Saint-Jean** (J.-D. de). Femme de qualité en deshabillé, sortant du lit, — femme de qualitez en robe de chambre, se disposant à jouer, — femme de qualitez estant à sa toilette. Trois pièces très-curieuses pour les costumes rares.

227 **Silvestre** (Suzanne). Charles, duc de Bourgogne, d'après Rigaud. Très-belle épreuve.

228 **Simon** (J.). Elisabeth, reine d'Angleterre. Portrait gravé en manière noire. Belle épreuve.

229 **Simon** (P.). Montpensier (Anne-Marie-Louise d'Orléans, duchesse de). Buste fort comme nature. Superbe épreuve

230 — Le même portrait. Très-belle épreuve.

231 **Simonneau**. Orléans (Élizabeth-Charlotte, palatine du Rhin, duchesse d'), d'après Rigaud. Très-belle épreuve.

232 **Smith**. Marie-Joséphine-Louise de Savoye, Madame.

233 **Solis** (V.). Un Bain rempli d'hommes et de femmes. Estampe connue sous le nom de : *La Société des Anabaptistes*, d'après H. Aldegrever. Très-belle épreuve.

234 **Sompel** (P. Van). Gaston d'Orléans et Marguerite de Lorraine, sa seconde femme. Deux portraits d'après Van Dyck. Très-belles épreuves avant les nᵒˢ.

235 **Suyderhoef**. Les Plénipotentiaires de Munster assemblés pour le traité de paix, d'après G. Terburg. Belle épreuve.

236 — Philippe II, roi d'Espagne, d'après Ant. Moro. Superbe épreuve avant le nᵒ.

237 **Tardieu**. Pardaillon de Gondrin (Louis-Antoine de), duc d'Antin, d'après Rigaud. Belle épreuve.

238 **Tempesta**. Henri IV, roi de France, d'après Van Aelst. Portrait équestre. Très-belle épreuve.

239 **Thomassin**. Conty (François-Louis de Bourbon, prince de). Superbe épreuve.

240 — L'auguste famille de monseigneur le Dauphin, d'après Mignard. Superbe épreuve.

241 **Tortorel** et **Perrissin**. Le Tournoy où le roy Henri II fust blessé à mort le dernier de juin 1559. Deux compositions différentes. La Mort du roy Henry, deuxième aux Tournelles à Paris, le x juillet 1559. Trois pièces avec texte français.

242 **Trouvain**. Les Appartements de Louis XIV à Versailles. Suite de six estampes. Très-belles épreuves; le n° 3 manque, et 2 sont un peu endommagés.

243 **Valck** (G.). Ortance Manchini, duchesse de Mazarin, d'après P. Lely. Superbe épreuve.

244 — Portrait de madame Gwin, d'après P. Lely. Très-belle épreuve.

245 — Eugène-François, prince de Savoie, d'après Merian. Très-belle épreuve.

246 **Vermeulen** (C.). Isabelle d'Este, sœur de Lucrèce Borgia, d'après Holbein. Très-belle épreuve avant la lettre.

247 — Catinat (Nicolas de), maréchal de France. Très-belle épreuve.

248 — Maria Luissa de Tassis, d'après Van-Dyck. Très-belle épreuve.

249 **Vico** (Eneas). Portrait de l'empereur Charles Quint, dans un ovale placé au milieu de figures allégoriques (B. 255). Très-belle épreuve.

250 — Le même portrait. Très-belle copie en contre-partie par Nicolas de la Casa.

251 **Visscher** (C.). Louise de Nassau, — Frederick William, marquis de Brandenberg. Deux pièces. Très-belles épreuves.

252 **Visscher** (Excudit). L'Alliance du roy de France avec Marie de Médicis, princesse de Florence. Très-belle épreuve. Rare.

253 — Portrait des trois frères Coligny, en pied. Belle épreuve doublée. Rare.

254 **Vorsterman**. Portrait de Charles V, d'après Titien. Belle épreuve.

255 **Watteau** (d'après). Louis XIV mettant le cordon bleu à M. de Bourgogne, père de Louis XV, roy de France régnant, par M. de Larmessin. Superbe épreuve.

256 **Wierix** (J.). Albert, archiduc d'Autriche, gouverneur des Pays-Bas. Belle épreuve.

257 — Bourbon (Catherine de), sœur de Henri IV, duchesse de Bar. Superbe épreuve avec l'adresse d'Hondius.

258. — Henri III, roi de France, buste presque fort comme nature. Très-belle épreuve.

259 — Henri IV, roi de France, à mi-corps. Belle épreuve.

260 — Henri IV, roi de France, répétition en petit du portrait gravé par Goltzius, gravé par un anonyme. Très-belle épreuve.

261 **Wille** (J.-G.). Charles, prince de Galles, d'après Tocqué. Très-belle épreuve.

262 — Élisabeth de Gouy, femme de Hyacinthe Rigaud, d'après lui-même. Belle épreuve.

263 — Louis, dauphin de France, — Marie Thérèse d'Espagne, dauphine de France, — Marie Joseph de Saxe, dauphine de France, — Louis, duc d'Orléans, par Drevet. Quatre pièces. Très-belles épreuves.

264 **Wothuk.** Malborough (Jean baron de Churchill, duc et comte de). Portrait in-folio à mi-corps. Très-belle épreuve.

265 — Sous ce numéro, il sera vendu par lots environ deux cents portraits, pièces de l'école française, etc. Portefeuilles.